8212

NOTICE

DES

PRINCIPAUX ARTICLES

DE LA BIBLIOTHÉQUE

DE FEU M. CADET-GASSICOURT,

Dont la Vente se fera les Vendredi 26 et Samedi 27 Avril 1822, à six heures très-précises de relevée, en sa maison rue Saint-Honoré, n° 108.

Les adjudications seront faites par Me CHARIOT, Commissaire-Priseur, rue Montmartre, n° 84.

Se distribue **A PARIS,**

Chez DE BURE, frères, Libraires du Roi, et de la Bibliothéque du Roi, rue Serpente, n° 7.

1822.

Les Livres seront exposés dans l'ordre qui suit:

1re *vacation*, *le vendredi* 26 *avril* 1822.

Les numéros V, VII, IV, III, VI, XII, VIII, I et II.

2e *vacation, le samedi* 27.

Les numéros X, XI, IX, XVI, XVIII, XVII, XIII, XV, XIV et l'Addition.

1ere vaccation - - - - - - - - 2238^t..45^c.

2^d - - - - - - - - - - - 3022..85^c.
____
5261..30.

Nous avions fait avant la vente une estimation
article par article, d'après un etat manuscrit, elle
le montoit à - - - - - - 5556^t.30.
la vente aux enchers a produit. - 5261..30.
____
Difference - - - - - - - - - 295^t.00.

felix cadet.

idem

labite

felix cadet.

martin

p.

Simonet.

delas...

chimbon.

ludet.

p.

NOTICE

DES PRINCIPAUX ARTICLES

DE LA BIBLIOTHÉQUE

DE FEU M. CADET-GASSICOURT.

Nº Iᵉʳ 92 *vol. in-8. et in-12.* dont :

RECUEIL de pièces sur la Révolution, etc. 11 *vol.* 15- 5.
in-8. bas.
— de pièces de théâtre. 17 *vol. in-8. bas.* - - . - 18- 5.
OEuvres de Crébillon. *Paris*, 1785, 3 *vol. in-8. fig.* 7 . 5.
bas.
— de Racine, publ. par Petitot. *Paris*, 1807, 5 38. 5
vol. in-8. fig. v. éc. dent. Pap. Vél.
Théâtre de M. J. Chénier. *Paris*, 1818, 3 *vol. in-8.* 15- 5.
v. r. dent.
OEuvres de Beaumarchais. *Paris*, 1809, 7 *vol. in-8.* 23 .
fig. bas.
Répertoire du Théâtre Français. *Paris*, 1803, 23 81 .
vol. in-8. fig. v. r. fil.

Nº II. 129 *vol. in-8. et in-12.* dont :

Voltaire, de Kehl. 1785, 74 *vol. in-8.* dont 2 de 230. 5.
tables et 2 de suppl. rel. en bas.
OEuvres de P. et de Th. Corneille. *Paris*, 1758, 15- 95.
19 *vol. pet. in-12. v. m.*
— de Molière. *Paris*, 1778, 8 *vol. pet. in-12. v. m.* - 8. 95.
Études de la Nature, par Bernardin de St. Pierre. 10.
Paris, 1787, 6 *vol. in-12. bas.*

N° III. 192 *vol. in-4. in-8. et in-*12. dont :

Homère de Bitaubé. 12 *vol. in-*18. *v. rac.*

Œuvres de Piron. *Paris,* 1776, 9 *vol. pet. in-*12. *bas.*

Cours de littérature, par de La Harpe. *An* VII, 16 *vol. in-*8. *bas.*

Œuvres d'Andrieux. *Paris,* 1818, 3 *vol. in-*8. *v. porph. dent.*

— de La Fontaine. 1814, 6 *vol. in-*8. *v. porph. dent. figure.*

Le Décameron de Boccace. 1757, 5 *vol. in-*8. *fig. m. r.*

Œuvres de Florian. 1786, 12 *vol. in-*18. *v. porph.*

N° IV. 49 *vol. in-*8. dont :

Robinson Crusoé. *Paris, l'an* VIII, 3 *vol. in-*8. *fig. v. porph.*

Télémaque, par Fénelon. *Paris,* 1820, 2 *vol. in-*8. *fig. v. r. dent.*

Variétés littéraires. *Paris,* 1804, 4 *vol. in-*8. *bas.*

Lettres à Émilie, par Demoustier. *Paris,* 1790, 3 *vol. in-*8. *v. m.*

La Jésusalem délivrée, trad. par Baour-Lormian. 1819, 3 *vol. in-*8. *fig. v. f.*

Tableau historique des Littérateurs français. 1785, 4 *vol. in-*8. *bas.*

N° V. 133 *vol. in-*8. *in-*12. *et in-*18. dont :

Les Dîners du Vaudeville. 6 *vol. in-*18. *v. porph.*

L'Épicurien français. 1806, 37 *vol. in-*18. *v. porph.* 40 vol.

Le Caveau moderne. 1807, 11 *vol. in-*18. *bas.*

Œuvres de madame Riccoboni. *Neufchâtel,* 1780, 8 *vol. in-*12. *v. m.*

Hudibras, poëme, par Butler. 1757, 3 *vol. in-*12. *v. m.*

p.
p.
~~Canthion~~ Canthion

audrieux. of.

feta cadet.
idem
m^lle Bodot.

cadet j^e
filix cadet.
idem
p.
Simonnet
idem

Robinson. of.

m^me porguet.

chariot.
chinot.
idem

marque le tome 8.

l'épicurien. atal.
le caveau. atal.

chimot.

M.e porquet.
felix cadet.
chimbori.
felix cadet.
gregoire fils.
felix cadet.

vendu sans aucun rapport.

l'alcoran. atal.

chimot.

cadet.

melle brodot.
la meme

cadet je
idem
Rey

Œuvres de Rabelais. *Amsterdam*, 1711, 5 *vol.* = 12 - 60.
Lettres. 1710, 1 *vol. Les* 6 *vol. in*-12. *v. b.*

N° VI. 142 *vol. in-fol. in*-4. *in*-8. *in*-12. *et in*-18.
       dont :

Don Quichotte. *Paris*, 1752, 6 *vol. in*-12. *bas.*   10 - 10.
Contes moraux et Bélisaire, par Marmontel. *Pa-*   4 - 95.
  ris, 1787, 4 *vol. in*-12. *fig. v. m.*
Histoire de Faublas, par Louvet. *Paris*, 1790, 13   10 - 5.
  vol. in-18. *v. éc.*
Maladies de la peau, par M. Alibert. 10 *livraisons* 24 5.
  in-fol. en cahiers, fig. coloriées.
Histoire de Maurice, comte de Saxe, par d'Espa-   13 - 50.
  gnac. *Paris*, 1775, 3 *vol. in*-4. *fig. v. m.*
Œuvres de Boileau. *La Haye*, 1729, 2 *vol. in-fol.* 15 - 95.
  fig. v. f.

N° VII. 116 *vol. in*-8. *in*-12. *et in*-18. dont :

L'Alcoran des Cordeliers et la Légende dorée. *Am-*   6 - 9.
  sterd. 1734, 3 *vol. in*-12. *fig. v. m.*
Journal d'Éducation. *Paris*, 1815, 10 *vol. in*-8.   6 - 5.
  demi-rel.
Œuvres de Sénèque, trad. par Lagrange. *Paris*,   13 - 5.
  l'an III, 6 *vol. in*-8. *dem.-rel.*
Essais de Montaigne. *Paris*, 1796, 4 *vol. in*-8. *bas.*   12 - 60.
Œuvres de Montesquieu. *Paris, Bastien*, 1788, 6   20.
  vol. in-8. *v. porph.*

N° VIII. 111 *vol. in-fol. in*-8. *in*-12. *et in*-18.
       dont :

Œuvres de Fontenelle. *Paris*, 1785, 11 *vol. in*-12.   30 - 95.
  v. éc.
— d'Helvétius. *Londres*, 1781, 5 *vol. in*-8. *v. m.* — 13.
— de Boulanger. *Paris*, 1792, 8 *vol. in*-8. *bas.* — 26 - 5.

Considérations sur la Révolution française, par madame de Staël. 1818, 3 *vol. in-8. bas.*

De l'Allemagne, par madame de Staël. *Paris*, 1814, 3 *vol. in-8. bas.*

Dictionnaire des Athées, avec le supplément. 2 *vol. in-8. v. rac. demi-rel.*

Œuvres de Diderot. 1798, 15 *vol. in-8. bas.*

Des Erreurs et des Préjugés, par Salgues. 1811, 3 *vol. in-8. v. r.*

Dictionnaire de Moreri. *Paris*, 1759, 10 *vol. in-fol. v. m.*

N° IX. 40 *vol. in-4. in-8. et in-12.* dont :

Bulletin de la Société d'encouragement pour l'industrie nationale. *Paris, an* x *et ann. suiv. les tom.* 1 *à* 16, *in-4.*

Description des Machines spécifiées dans les brevets d'invention, par Molard. *Paris*, 1811, 2 *vol. in-4. demi-rel.*

Nouveau Bulletin des Sciences de la Société Philomatique. *Paris*, 1807, 4 *vol. in-4. demi-rel.*

N° X. 95 *vol. in-4. in-8. in-12. et in-18.* dont :

Tableau de Paris. *Amsterdam*, 1782, 8 *vol. in-12. v. m.*

Voyage au Levant, par Pitton de Tournefort. *Lyon*, 1727, 3 *vol. in-8. fig. v. m.*

— en Italie, par de La Lande. *Paris*, 1786, 9 *vol. in-12. et atlas in-4. demi-rel.*

— en Autriche, par Marcel de Serres. *Paris*, 1814, 4 *vol. in-8. bas.*

Essai sur la nouvelle Espagne, par de Humboldt. *Paris*, 1811, 5 *vol. in-8. bas.*

Voyages de Pallas en Russie. *Paris*, *l'an* 11, 8 *vol. in-8. bas. et atlas in-4. demi-rel.*

Cadet j°

Simonnet

De Langeac.
p.
Chémot.

De Lassus.

Ney

pillet.

Lefevre.
parquet.
grégoire.
Rozerano
Maret
p.

pillet.

dictionnaire, quatr, x m+
six ffets tous Dechirii.

porquet.
limonnet.
idem
idem

caror j°
fayolles.

cader j°
martin
porquet.
p. —

Delaroque
canthion. ~~Catthion~~

cader j°

(5)

N° XI. 34 *vol. in-fol. in-*4. *et in-*8. dont :

Voyage d'Anacharsis. *Paris*, 1788, 4 *vol. et atlas*   22..5.
*in-*4. *v. éc.*

—anx Indes orientales, par Sonnerat. *Paris*, 1782,   10.
2 *vol. in-*4. *fig.* demi-rel.

Itinéraire de Paris à Jésusalem, par de Château-   25.
briand. *Paris*, 1811, 3 *vol. in-*8. *bas.*

Dictionnaire de la Bible, par D. Calmet. *Paris*,   30
1730, 4 *vol. in-fol. v. m.*

— de Bayle, et Supplément. *Rotterd.* 1702, 4 *vol.*   17.
in-fol. v.

Traité de la Police, par de Lamare. *Paris*, 1722,   20.
4 *vol. in-fol. v. b.*

N° XII. 172 *vol. in-*8. *et in-*12. dont :

Collection de Mémoires relatifs à l'Histoire de   121.
France. *Paris*, 1785, 65 *vol. in-*8. *v. m.*

Histoire ancienne, par Rollin. *Paris*, 1758, 14 *vol.*   31--60.
*in-*12. *v. m.*

Histoire de France, par Velly, Villaret et Gar-   37.5.
nier. *Paris*, 1775, 30 *vol. in-*12. *v. m.*

Abrégé chronol. de l'Histoire de France, par le pré-   13.5.
sident Hénault. *Paris*, 1768, 5 *vol. pet. in-*8. *v. éc.*

Le Censeur, par M. Comte. *Paris*, 1814, 7 *vol.*
*in-*8. demi-rel.   39.5.

— européen, par Comte et Dunoyer. *Paris*, 1817,
12 *vol. in-*8. demi-rel.

Bibliothéque historique. *Paris*, 1818, 15 *vol. in-*8.   34.50.
demi-rel.

N° XIII. 149 *vol. in-*8. *et in-*12. dont :

Tacite, trad. par Dureau Delamalle. *Paris*, 1818,   36.
6 *vol. in-*8. *bas.*

(6)

17.80 Mémoires de Sully. *Paris*, 1788, 6 *vol. in*-8. *demi-rel.*

24 -- Œuvres complètes de Mably. *Lyon*, 1796, 12 *vol. in*-8. *bas.*

36. 5 Histoire de France pendant le dix-huitième siècle, par Lacretelle. 1810, 6 *vol. in*-8. *bas.*

10..30 Mémoires de Retz et de Guy Joly. *Genève*, 1777, 6 *vol. in*-12. *bas.*

12.50 Galerie de l'ancienne Cour. 1791, 8 *vol. in*-12. *bas.*

99.95 Œuvres de Plutarque, trad. du grec par Amyot, publ. par Clavier. *Paris*, 1801, 25 *vol. in*-8. *fig. v. r.*

30 -- — de Démosthène et d'Eschine, trad. par Auger. *Paris*, 1777, 5 *vol. in*-8. *bas.*

140 -- — Biographie universelle. *Paris*, *Michaud*, 1811, *les* tom. 1 à 24, *in*-8. *demi-rel.*

N° XIV. 96 *vol. in-fol. in*-8. *et in*-12. dont :

14 -10 Biographie moderne. *Leipsick*, 1806, 4 *vol. in*-8 *bas.*

18- 5 — nouvelle des contemporains. *Paris*, 1820, *les* tom. 1, 2 et 3, *in*-8. *br.*

12 -- Mes Souvenirs de vingt ans de séjour à Berlin, par D. Thiébault. *Paris* 1813, 4 *vol. in*-8. *v. r. Pap. Vél.*

9. 5 Essais sur Paris, par de Saint-Foix. *Paris*, 1766, 8 *vol. in*-12. *v. m.*

160 -- — Encyclopédie, par Diderot et D'Alembert. *Paris*, 1751, 33 *vol. in-fol. fig. v. m.*

N° XV. 137 *vol. in*-8. *et in*-12. dont :

108 -- Œuvres complètes de Buffon. *Paris*, *de l'imprimerie royale*, 1774, 54 *vol. in*-12. *fig. v. m.*

250 - — Annales des Arts et Manufactures, par O'Reilly. *Paris*, 60 *vol. in*-8. *fig. demi-rel.*

20 -- Dictionnaire de l'Industrie. *Paris*, *an* IX, 6 *vol. in*-8. *demi-rel.*

hozeran

felix cadet.

cadet j

De Lanus.

iden

cadet j

iden

iden

Truchy

iden

chinton.

cadet j

cadet j

Maire j

felix cadet.

histoire. Dessar.

Biographie. troll. apit

fourniss. of.

il manque les tables.

chinbroin. [illegible].

porguet.

essaif.

De lann.

Rey

johennear
felix cadet
Redon
delann
felix cadet.
idin
cadet jᵒ

blaise jᵒ

[illegible] jᵒ

Chimie agricole de Davy, trad. de l'Anglais. *Paris,*
1819, 2 *vol. in*-8. *demi-rel. Pap. Vél.*
Nouvelles Récréations physiques, etc. par Guyot.
Paris, 1786, 3 *vol. in*-8. *fig. bas.*

N° XVI. 122 *vol. in*-8. *et in*-12. dont :

Système des Connaissances chimiques, par Four-
croy. *Paris, an* IX, 11 *vol. in*-8. *demi-rel.*
Chimie appliquée aux Arts, par Chaptal. *Paris,*
1807, 4 *vol. in*-8. *fig. bas.*
Essais chimiques sur les Arts et les Manufactures
de la Grande-Bretagne, trad. de l'Anglais. *Paris,*
1820, 3 *vol. in*-8. *bas.*
Annales des Sciences physiques. *Bruxelles,* 1819,
4 *vol. in* 8. *fig. demi-rel.*
Dictionnaire de Chimie, par Klaproth. *Paris,*
1810, 4 *vol. in*-8. *bas.*
Chimie de Thomson, trad. de l'anglais. *Paris,*
1809, 9 *vol. in*-8. *bas.*
— de Thenard. *Paris,* 1817, 4 *vol. in*-8. *bas.*
Mémoires de Physique, etc. de la société d'Arcueil.
Paris, 1807, 3 *vol. in*-8. *bas.*
Dictionnaire d'Histoire naturelle. *Paris, Déterville,*
1803, 24 *vol in*-8. *fig. v. r.*
L'Art de connaître les hommes par la physionomie,
par Lavater. *Paris,* 1806, 10 *vol. gr. in*-8. *fig. v.*
porph. dent.
Traité de Minéralogie, par Haüy. *Paris,* 1801, 4
vol. in-8. *bas. et atlas in*-4.

N° XVII. 102 *vol. in*-4. *in*-8. *et in*-12. dont :

Dictionnaire des Sciences médicales. *Paris, Panc-*
koucke, 1812 *et ann. suiv. in*-8. *fig. bas. les tomes*
1 à 45, et les tom. 46 a 53. bro.

35 _ _ Mémoires de la Société de Médecine de Paris. 1798, 8 *vol. in-8. fig. bas.*

76 _ 50 Flore des environs de Paris, par Bulliard. *Paris,* 1776, 5 *vol. in-4. v. b. fig. coloriées.*

30 _ 10 Tableau du Règne végétal, par Ventenat. *Paris,* *an* VII, 4 *vol. in-8. v. f.*

12 _ 5 Le nouveau de la Quintinye. *Paris,* 1785, 4 *vol. in-8. fig. v. r.*

32 _ _ Cours d'Agriculture, par l'abbé Rozier. *Paris,* 1809, 6 *vol. in-8. bas.*

N° XVIII. 52 *vol. in-4. in-8. et in-12. dont :*

20 _ _ Dictionnaire des Ouvrages anonymes et pseudo-nymes, par M. Barbier. *Paris,* 1806, 4 *vol. in-8. bas.*

41 _ 50 Bulletin de Pharmacie. *Paris,* 1809, 6 *vol. in-8. fig. bas.*

52 _ 5 Journal de Pharmacie, par MM. Cadet, etc. *Paris,* 1815, 6 *vol. in-8. bas. et 1821. bro.*

12 _ _ Dictionnaire de la Langue française, par Boiste. *Paris,* 1808, *in-4. bas.*

ADDITION.

81 _ _ Le nouveau Testament en latin et en français, tra-duit par le Maistre de Sacy. *Paris, Saugrain, de l'imp. de Didot jeune,* 1791, 4 *vol. in-4. demi-rel. dos de m. r. non rogné. Gr. Pap. Vél. fig. avant la lettre et eaux fortes.*

255 _ _ Œuvres complètes de Voltaire. *Kehl, de l'impri-merie de la Société typogr.* 1785, 92 *vol. in-12. fig. br. en cart. non rogné. Gr. Pap. Vél.*

Brochet j°
félix cadet.
idem
me huzard.
Delanne.

Blair j°
félix cadet.
Rey
cadet j°

Dicrionnaire.

Merlin

félix cadet.

les figures sont très foibles.

LIVRES NOUVEAUX,

Cours d'Analyse de l'École royale Polytechnique, par M. Cauchy, membre de l'Académie des Sciences, professeur à l'École royale Polytechnique, etc. *Paris, de l'Imp. roy.* 1821, *in-8. br.* Tome 1er.......................... 6 fr.

Les Séances de Hariri, publiées en arabe, avec un Commentaire, par M. le baron Silvestre de Sacy. *Paris, Imp. roy.* 1821, *in-fol. br.* 1re part..................... 3o fr.

— Le même ouvrage, *Pap. Vél.*................. 45 fr.
    La seconde partie est sous presse.

Pend-Namèh, ou le Livre des Conseils de Férid-Eddin Attar, en persan et en françois, traduit et publié par M. le baron Silvestre de Sacy. *Paris, Impr. royale,* 1819, *in-8. br.* 20 fr.

— Le même, *en Papier Vélin*................. 3o fr.

Les Oiseaux et les Fleurs, allégories morales d'Azz-Eddin El-mocaddessi, publiées en arabe, avec une trad. et des notes, Par M. Garcin. *Paris, Impr. royale,* 1821, *in-8. br.*... 15 fr.

Voyage à l'Oasis de Thèbes, et dans les déserts situés à l'orient et à l'occident de la Thébaïde, par M. Cailliaud, de Nantes; publié par M. Jomard, membre de l'Institut royal de France. *Paris, de l'Imprimerie royale,* 2. *vol. gr. in-fol. un de texte et un de gravures; ouvrage divisé en deux livraisons, chacune de 25 planches.*

— Prix de chaque livraison, texte et pl. *Papier fin.*.. 6o fr.

— La même, *Papier Vélin, fig. avant la lettre.....* 120 fr.
    La première livraison paroîtra incessamment.

Antiquités de la Nubie, ou Monumens inédits des bords du Nil, situés entre la première et la seconde cataracte, dessinés et mesurés en 1819, par M. Gau, de Cologne, architecte.
    L'ouvrage se composera de 6o planches terminées, dont 8 ou 10 coloriées, et se publiera en 12 livraisons de 4 à 6 planches.
    Prix de chaque livraison, *Papier ordinaire*.................. 18 fr.
                  Papier Vélin.................. 36 fr.
    Tous les Monumens sont dessinés sur la même échelle, et imprimés du même format que la Description de l'Égypte, et peuvent faire suite à cet ouvrage. Les quatre premières livraisons paroissent.

Grammaire arabe, par M. Silvestre de Sacy. *Paris,* 1810, 2 *vol. gr. in-8. fig. br.*......................... 24 fr.

— La même, *en Pap. Vél. cart.*..................... 48 fr.

Chrestomathie arabe, en arabe et en françois, par M. Silvestre
de Sacy. *Paris*, 1806, 3 *vol. in-8. br*............. 36 fr.
Recherches historiques et critiques sur les Mystères du Paga-
nisme, par M. le baron de Sainte-Croix ; seconde édition,
revue et corrigée par M. Silvestre de Sacy, dédiée au Roi.
Paris, 1817, 2 *vol. in-8. br. avec 2 planches*...... 15 fr.
— Les mêmes, *en Pap. Vél*..................... 30 fr.
Iconographie grecque, avec des Notices chronologiques et historiques, par E. Q. Visconti, membre de l'Institut. *Paris ,
de l'imprimerie de Didot l'aîné*, 1811, 3 *vol. in-4. avec un
atlas de* 59 *planches in-fol. atlant. cart*.......... 240 fr.
Iconographie romaine, tome 1er, Hommes illustres. Plus une
planche et 12 articles de supplément à l'Iconographie grecque,
par le même. *Paris, de l'imprimerie de Didot l'aîné*, 1818 ,
in-4. et atlas de 17 *planches in-fol. atlant. cart*..... 72 fr.
La suite sera publiée par M. Mongez, membre de l'Académie des
Inscriptions de l'Institut.
Sur la Statue antique de Vénus, découverte à Milo, en 1820 ;
dissertation par M. Quatremère de Quincy. *Paris*, 1821 ,
in-4. br. avec une planche .... 3 fr.
— Le même, *Papier Fort*...................... 6 fr.
Sur la Statue antique de Vénus-Victrix, découverte dans l'île
de Milo, en 1820, par M. le comte de Clarac. *Paris , de
l'imprimerie de Didot l'aîné*, 1821, *in-4. fig. br*..... 6 fr.

Rifflessioni critiche sopra il saggio filosofico intorno alle proba-
bilita del sig. Conte Laplace, fatte del dottor P. Ruffini.
Modena, 1821, *in-8. br*..................... 4 fr.
Joan. Scapulæ Lexicon græco latin. *Oxonii*, 1820, *in-fol. br.
en cart. Pav. Vél*..................... 110 fr.
Édition considérablement augmentée, d'après les manuscrits de feu
M. Bast. Elle est imprimée avec le plus grand soin , et elle est supérieure-
ment exécutée.
Cleomedis circularis doctrinæ de Sublimibus libri duo, græce et
lat. cum comment. R. Balforei, suasque animadversiones ad-
did. J. Bake. *Lugd. Bat.* 1820, *in-8. br*............ 12 fr.
D. Wyttenbachii Opuscula, nunc primum conjunctim edita.
Lugd. Bat. 1821 , 2 *vol. in-8. br*................ 22 fr.
— Les mêmes, *Pap. de Hollande*................ 40 fr.

DE L'IMPRIMERIE DE CRAPELET.